ARREST DV TRES-HAVT CONSEIL DES DIX.

Contre GEORGE CORNER, *fils du Duc de Venise*, & autres siens Complices.

Publié sur les degrez de Sainct Marc, & de Rialte

Traduict de l'Italien.

APARIS,

Chez IEAN MARTIN, au bout du Pont S. Michel, prés le Chasteau S. Ange.

Iouxte la coppie imprimee à Venise par l'Imprimeur Ducal,

M. DC. XXVIII.

AVEC PERMISSION.

ARREST DV TRES-HAVT
CONSEIL DES DIX.

Contre GEORGES CORNER, *fils
du Duc de Venife, & autres fiens
Complices.*

L'an 1628. Le 7. Ianuier en Confeil des Dix.

VE George Corner, fils du Sereniſ-
ſime Prince, cité à cri public, & non
comparant.

Pour cauſe qu'iceluy, ayant con-
ceu vne haine mortelle contre No. Ho. Sr. Re-
nier Zen, Cheualier, pour les tres-iniuſtes &
indignes raiſons, qui ſe voyent au procez, &
reſolu totalement de luy rauir la vie, auroit pour-
penſé, & machiné le moyen d'executer ce ſien
diabolique & ſcelerat deſſein, par aguets, &
par preparatifs d'armes, & attitrement de meurtriers & aſſaſſins, pour s'en ſeruir au ſuſdit ex-
cez. Et à cet effect, auroit donné le rendez-
vous à quelques vns deſdicts meurtriers, par
luy nommément & par deliberation choiſis à

cet acte atroce, pour se trouuer le 30. du mois de Decembre passé. audit lieu. La petite descente de sa Serenité : & les auroit faict arrester tout à dessein, & en embusches dans le propre Palais Ducal, attendant que ledit Cheualier Zen sortit du Conseil des Dix, duquel il est à present : Et iceluy estant descendu par l'Escalier, enuiron les cinq heures de la nuict dudit 30. Decembre, sans se douter de rien, & se tenant asseuré, tant pour la qualité du lieu d'où il sortoit, que de celuy auquel il se trouuoit, se pourmenant sous le Porche de la Cour du Palais, prés de l'Escalier des Geans: qui est autant à dire, dans le propre sein de la Republique, lequel par les sacrees loix d'icelle doit estre reueré, respecté, & tres-asseuré à tous: iceluy George mettant en oubly toute reuerence & crainte de Dieu, & de la Iustice: & tout esgard à la tref-griefue offense qu'il faisoit à sa patrie: auroit fait assaillir iceluy Zen, d'vne façon inhumaine, barbare, & inouïe: & blesser & malmener à coups de hachetes, & de poignards, en intention de luy oster totalement la vie : lesdits meurtriers n'ayant cessé de le meurtrir, & blesser, que ils n'eussent assouui leur cruanté, & felonnie, le croyant mort. Apres quoy, s'estans retirez & sauuez au dedans de la porte qui va au Palais, & à la descente de sa Serenité, & l'ayant fermee, pour n'estre suiuis de Sergeans, & d'autres gens, accourus à vn delict si atroce, & execrable, se feroyent achemiuez au lieu dit *Cauane*, là où ledit George faisoit tenir vne Gondole toute preste à cet effet : par le moyen de laquelle puis apres il auroit eu commodité de s'enfuir de cette ville, accompagné de quatre des susdits Assassins, ayant pour rameurs en icelle, Oliue Poppier, son maistre Gondolier, & Iean, fils de feu Dominic Tauan, rameur du milieu, & neueu du susdit Oliue, ses barcarols, & vn autre, dont la Iustice n'a peu iusques à present auoir la conoissance : Sur laquelle Gondole ils seroient tous passez sur le Po és Estats de Prince estranger.

Pour ces causes, ledit George Corner, soit & s'entende dechu & priué de nostre Noblesse, ensemble tous les descendans à perpetuité, & rayé des Registres de l'*Auogaria*. Et en outre soit, & s'entende banny & proscript de cette ville de Venise, & de son Duché, & de toutes les autres villes, terres, & lieux de nostre Estat, terrestres, & maritimes : nauires armez, & desarmez, & ce à perpetuité. Et cas auenant qu'il soit pris, qu'il soit mené en ceste ville, & à l'heure accoustumee, entre les deux colonnes de S. Marc, il ait la teste tranchee, sur vn haut eschafaut, en sorte qu'elle soit separee du corps, & qu'il meure.

Auec tailles à qui le prendra, ou tuera, dans nos estats, apres auoir fait suffisante foy de l'occision, de six mille ducats : & en terres estrangeres, de dix mille : lesquels seront tout promptement & sans delay desboursez & contez, du Coffre de ce Conseil, à ceux qui l'auront pris, ou tué, ou à leurs legitimes Procureurs ou Commis, ou qui auront

cauſe d'eux, ſans contredit, nonobſtant ſuranna-
tion, ou autre choſe au contraire : Auec pouuoir
à celuy qui l'aura pris, ou tué, ou à ſon Commis,
& charge ayant, de perceuoir à ſon bon plaiſir,
& ſans difficulté quelconque, la ſuſdite taille, de
toutes ſortes de deniers, nonobſtant choſe quelconque au contraire, de telle Chambre de nos
Eſtats, que mieux il aymera, pour ſon plus grand
& entier contentement.

Et outre la ſuſdite taille, il obtiendra pouuoir
de deliurer vn Banny, Relegué, ou Confiné, pour
quelque cas, & de quelque eſtat & condition que
ce ſoit, ſans exception : quand meſmes ledit banny ſeroit chargé de diuers banniſſemens, & con-
damnations de ce Conſeil, ou d'autres ayans
charge & deleguez d'iceluy : nonobſtant condition de temps, d'aſtriction de balotes en nombre
complet, & de lecture de Procez, ou autre imaginable, meſmes pour cauſe d'Eſtat.

Et de plus, qui le liurera en vie entre les mains
de la Iuſtice, outre les ſuſdites tailles, & benefices, aura pouuoir de deliurer vn autre banny, relegué, ou confiné, pour quelque cas que ce ſoit,
comme deſſus en tout & par tout : quand bien
meſmes il n'auroit les qualitez requiſes par les
loix : horſmis ſeulement matiere d'Eſtat.

Et s'il auenoit qu'en telle capture, ou occiſion,
le preneur ou le tueur, demeuraſt mort, les legitimes heritiers d'iceluy auront & perceuront tous
les ſuſdits benefices, & tailles, ſans aucune diminution : à la reelle conceſſion deſquelles ſuffira la

moitié des ballotes de ce Conseil : nonobſtant tout reiglement, ou Arreſt tant general, que particulier, en fait de bannis, ou d'autre ſorte : tant faits, qu'à faire, ou ja expirez : auſquels en ce cas eſt en tout & par tout derogé.

Qu'iceluy George Corner, ne puiſſe iamais, par aucun pouuoir qu'aucun ait, ou puiſſe auoir, en aucun temps, tant en vertu d'Arreſts generaux en fait de bannis, que par voye d'aduis, ou de dilations, meſmes concernans matiere d'Eſtat : ne luy meſmes par la capture, ou occiſion d'autre banny, d'eſgale, ou meſme ſuperieure qualité à la ſienne, ny en aucun nombre, temps, ou qualité que ce ſoit : eſtre deliuré de ce preſent banniſſement, ne luy eſtre fait grace aucune de ſuſpenſion, alteration, remiſſion, compenſation, leuation d'aſtriction, ou autre imaginable diminution du preſent Arreſt : ou deſpenſe du nombre complet des dix-ſept ballotes, non pas meſmes par voye de Reuiſion de procez, ne de ſaufconduit: ne ſous pretexte de porter les armes pour le ſeruice du public : ne pour inſtance, & gratification de Princes: ne pour autre cauſe quelconque, publique, ou particuliere : non pas meſmes en temps de guerre, par aucun Lieutenant, ou repreſentant de Terre, ou de Mer, à qui euſt eſté donné plein pouuoir: ny par Magiſtrat eſleu auec authorité quelle qu'elle ſoit de deliurer bannis : ſi ce n'eſt par Arreſt paſſé par toutes les neuf ballotes vnanimes & conformes de tous les ſix Conſeillers, & des trois Chefs : & puis de toutes celles du Conseil, reduit au nombre complet de dix-sept : & en tout cas, apres auoir au preallable leu audit Conseil entierement tout le Procés, lequel en aucun cas, ne temps, ne pourra estre tiré hors du Coffre, & mesme ne pourra estre arresté ne deliberé, qu'il soit leu, si ce n'est par Arrest passé en la forme que dessus : & ce, apres la lecture du present Arrest, auec toutes les charges, & imputationt: sous peine de mille ducats, à quiconque proposera au contraire, tant à l'esgard de la susdite extraction dudit Procés hors du Coffre, que des autres habilitations: laquelle amende sera exigee d'iceluy par qui que ce soit des Conseilliers, Chefs, & Auogadours du Commun, sans obligation de leur sermens. Et nonobstant tout cela, rout autre Arrest passé contre la disposition de ce present, sera, & s'entendra nul, & de nulle valeur : & iceluy George Corner, soufmis à toutes les peines de bannissement, & autres clauses portees par le present Arrest : & pourra estre pris, & tué impunément : voire mesmes auec les benefices & tailles, cy-deuant declarees en ce present Arrest: lequel doit demeurer ferme & inuiolable, à perpetuité.

Tous les biens d'iceluy, meubles, immeubles, presens, & à venir, qui luy appartiennent à present en quelque maniere que ce soit, & lui pourroyent en aucuns temps appartenir, ou escheoir: mesmes la legitime : seront & demeureront confisquez & saisis par nos Auogadours du Commū, & appliquez au Coffre de ce Conseil. Pareillement

ment luy feront confifquez, pendant fa vie, les biens tenus en fideicommis, qui luy pourroient, en aucun temps, ou pour caufe quelconque appartenir ou efcheoir.

Et des biens, qui dés à prefent luy peuuent appartenir par voye de legitime, ou autre quelconque, les immeubles feront vendus, & le prouenu d'iceux mis au Coffre du mefme Confeil: à côdition, que les ventes en foient approuuees, & ratifiees par les deux tiers des balottes dudit Confeil. Et en cas, que pour n'eftre vendus à leur iufte prix, lefdites ventes ne foient approuuees par ledit Confeil; que defdits biens ce qui confiftera en baftimens, & ftructures, foit demoli, & le prouenu des materiaux porté au Coffre de ce Confeil: & ce qui confiftera en terres labourables foit reduit en vains pafturages, à l'vfage des Communautez voifines. Tout promptement feront efleus trois Inquifiteurs, du corps actuel de ce Confeil, qui feront obligez de recercher & enquerir par toutes voyes, mefme par billets fecrets, tout ce qui en quelque façon peut appartenir audit George Corner.

Et fera publié, & fait fçauoir, que toute perfonne, de quelque degré & condition qu'elle foit, qui aura biens, deniers, or, argent, ioyaux, ou fçaura où, & par deuers qui font credits, ou efcritures, documens & droicts de quelque fomme que ce foit, à luy appartenans: ou bien aura notice de quelqu'vn qui luy foit debiteur, pour quelque caufe que ce foit: ait à le notifier reellement,

& diſtinctement aux ſuſdits Inquiſiteurs, dant le terme de huiȼt iours prochainement venans : à defaut dequoy, il encoure la peine d'eſtre contraint au payement du double, & d'eſtre banny de cette ville de Veniſe, & de ſon reſſort, & de toutes autres villes, terres, & lieux, qui ſont entre les riuieres de Menzo, & du Quarner, pour le temps & terme de vingt ans conſecutifs, auec taille de ſix cents liures de petits, à prendre ſur ſes biens, s'il y en a : à leur defaut, des deniers du Coffre du meſme Conſeil, deſtinez aux tailles : & qu'en cas qu'il contreuienne à ſon ban, eſtant apprehendé, qu'il ait à tenir priſon eſtroiȼte par l'eſpace de cinq ans conſecutifs, & puis retourner à ſon ban, qui commencera alors tout de nouueau : & ce toutesfois & quantes : & la ſuſdite taille s'entendra deuoir eſtre baillee aux delateurs, ou acculateurs, qui ſeront tenus tresſecrets.

Il eſt auſſi dit & declaré, que tous Contraȼts, que ledit Corner pourroit auoir faits dés vn mois en ça, doiuent eſtre & s'entendent caſſez & annullez : & que chacun ſera obligé à les venir notifier, dans le terme de huiȼt iours prochainement venans : & tout ce qui en ſera retiré, ſera confiſqué, comme tous ſes autres biens, comme deſſus : & eſt bien expreſſement arreſté, que tout ce qui prouiendra deſdits biens, & ſera rapporté au Coffre dudit Conſeil, ſera gardé en iceluy, & conſerué, pour le payement des tailles ſus declarees : leſquelles en tout euenement, & totalement

feront payees, & desbourfees fans delai , comme
deffus, & de quelques deniers que ce foit.

Si aucun Gentil-homme . ou Cittadin , de nos
fujets, ou autres, ayans des biens dans nos Eftats,
de quelque degré ou condition qu'il puiffe eftre ,
fans en excepter aucuns : non pas mefmes quand
il feroit conioinct auec ledit Corner en degré
quelconque de parétage, iamais, en aucun temps,
en cefte ville , ou en quelque lieu de nos Eftats,
ou hors iceux, luy donnera aucune faueur adreffe,
déniers, ou commodité quelcóque, le receura en
fa maifon, voyagera auec luy, luy efcrira, luy donnera aduis, luy preftera ayde ou confort en quelque façon que ce foit, ou tiendra aucune prati-
que, ou intelligence auec luy , quand mefme ce
ne feroit que de fimple deuis , encoure la peine,
eftans Gentilhomme, ou Cittadin, de confifcation de tous fes biens de quelque forte & qualité
qu'ils foient , & eftant apprehendé , de prifon e-
ftroicte és prifons des Chefs de ce Confeil, nou-
uellement conftruites, qui font tournees au iour,
pour le temps & terme de dix ans: & n'eftant apprehendé, de banniffement de cefte Ville de Venife, & de fon Duché, & de tous nos Eftats, de
Terre, & de Mer, Nauires armez, & non armez
à perpetuité : fous la mefme peine que deffus, en
cas de rupture de ban. Et n'eftant le delinquant
Gentilhomme ne Cittadin, outre la confifcation
des biens, foit condamné à feruir de forçat à la
rame, les fers aux pieds, & conformement à tous
les reiglemens & aftrictions de la Chambre de

l'Armement, en vne Galere de condamnez, pour le temps & terme de dix ans consecutifs: & en cas qu'il ne soit habile à tel seruice tiendra prison estroicte, ésusdites prisons, pour tout le mesme temps.

Et qui accusera vn tel à la Iustice, ou mesme par billets secrets, & sans soubscription le defera aux Chefs de ce Conseil, lesquels mesmes seront tenus proceder en cecy par voye d'Inquisition, sera tenu tres-secret: & le coupable estant conuaincu & puny, obtiendra pour sa delation le tiers des biens confisquez, & cinq cens ducats de taile, lesquels sans difficulté luy seront promptement payez, dés l'heure qu'il aura fait apparoir que c'est luy qui a esté l'accusateur.

Et si dedans cette ville, ou hors d'icelle, se trouuoit aucune statuë, effigie, ou monument public du susdit George Corner, qu'elle soit totalement ostee : & pour cét effet sera escrit par les Chefs de ce Conseil à Zara, & donné ordre semblable és autres lieux qu'il appartiendra, selon qu'ils en auront notice.

Au mesme endroit, auquel fut commis le delict, sera erigé & placardé vne pierre viue de marbre, qui y demeurera pendant la vie dudit George Corner, & en icelle seront inscriptes les tailles, benefices, & recompenses, que doiuent receuoir ceux, qui le tueront, ou le liureront en vie: comme il est contenu cy-dessus. Ce qui sera tout promptement executé par les Chefs de ce Conseil.

Le present Arrest sera publié au grand Conseil, & sur les degrez de sainct Marc, & de Rialte: & tous les premiers Dimanches de Quaresme. pendant la vie d'iceluy, par l'organe de l'Auogadour du Commun, en iceluy grand Conseil: & sera en outre imprimé, & enuoyé à tous nos Gouuerneurs, & Lieutenans, de Terre, & de Mer, & à tous les Chefs de Mer, à ce qu'ils le facent publier, pour en donner cognossance à tous. Pareillement à tous les Ambassadeurs, & Secretaires, Residens és Cours des Princes & à nos Conseils, afin qu'il soit notoire par tout.

Et en ce cas qu'on vienne à sçauoir où iceluy George Corner sera, les chefs de ce Conseil, serōt tenus de venir au mesme Conseil , pour le demander à quelque Prince que ce soit , & pour faire tout le possible pour auoir sa personne entre les mains. Et soit faite de temps en temps diligente perquisition du lieu auquel il pourra estre, receuant mesmes à cet effect delations, & billets secrets.

Du 7. Ianuier 1628. En Conseil des Dix.

QVe Bernard Pucci Romain, ou Romagnol, lequel par cy-deuant souloit hanter & demeurer en la maison de George Corner, & Louis Remet, autresfois Gouuerneur du Dace de la Doane du vin de Mer, soient bannis de ceste Ville de Venise, & de son Duché, & de toutes les autres villes: terres & lieux de nos Estats, terrestres,

ou maritimes, Nauires armez & desarmez à perpetuité. Et rompant leur ban, & estans appre-
hendez, à chacun d'eux soit au propre lieu du delict, coupee la plus aisee & valide main par l'executeur de la Iustice, en sorte qu'elle soit separee
du bras: & qu'icelle attachee au col, chacun d'eux
soit mis dans vn batteau plat, sur vn eschafaut, &
conduit à S. Croix, là où par le mesme executeur
de la Iustice luy sera coupee l'autre main, & sem-
blablement attachee au col: & puis à queuë de
Cheual sera trainé iusques entre les deux colonnes de sainct Marc, là où sur vn eschafaut il aura
la teste coupee par l'executeur de la Iustice, en
sorte qu'elle soit separee du corps, & qu'il meure,
& que les corps soient mis en quatre quartiers
pour estre attachez & pendus és lieux accoustu-
mez, iusques à ce qu'ils soient consommez.
Auec tailles pour quiconque les prendra, ou les
tuera dedans nos terres, aptes auoir faict suffi-
samment apparoir de l'occision, de mille ducats
pour chacun des dessusdits : & de deux mille en
terres estrangeres: lesquelles sommes seront tout
promptement desbourfees du Coffre ou des
Chambres, ainsi qu'il est plus à plein contenu
dans l'Arrest contre le Principal: & auec le bene-
fice de ces mesmes tailles au profit des heritiers,
selon la teneur du susdit Arrest.

Que tous & chacuns les biens des dessusdicts,
presens, & à venir, soient, & s'entendent confisquez.

Que iamais ils ne puissent estre deliurez du

preſent ban, par aucun ſuffrage, ou pouuoir que
aucun ait, ou puiſſe auoir, ſinon en cas que l'vn
d'eux tuë l'autre, ou tuë George Cornet, ou le
liure entre les mains de la Iuſtice:ne meſmes ob-
tenir aucune grace d'aucune ſorte, non pas meſmes reuiſion de procez : & que le procez ne puiſſe eſtre tiré hors du Coffre, ſi ce n'eſt qu'au prea-
lable lecture ait eſté faite du procez, & par Arreſt paſsé par toutes les neuf ballotes des Conſeillers & Chefs:& puis par toutes les dix-ſept du
Conſeil,reduict à ſon nombre complet. Et ſera le
preſent Arreſt publié & imprimé,comme l'autre.

Du 7.Ianuier 1628. En Conſeil des Dix.

QV'Oliue Poppier, Gondolier de George
Corner, & Iean fils de feu Dominic Tauan,
rameur du milieu de ladite Gondole, & neueu du
ſuſdit Oliue : Soyent bannis à perpetuité de cette
ville de Veniſe,& de toutes les autres villes, terres, & lieux de nos Eſtats, terreſtres, ou maritimes, Nauires armez, & deſarmez:Rompant leur
ban, chacun d'eux ſoit côduit en cette ville, là où
à l'heure accouſtumee,entre les deux colonnes de
S. Marc, par l'Executeur de la Iuſtice, il ſera pêdu
par ſon col ſur vne haute potence : auec taille à
ceux qui les tueront,ou prendront,de quatre mille liures en terres eſtrangeres, & de deux mille
dans nos terres,à prendre des deniers du Coffre
de ce Conſeil. Que ſi toutesfois dans le terme
d'vn mois prochainement venant, aucun d'eux

ennoyera par quelque moyen que ce soit, offrir
de se representer dans ledit terme, pour deferer
quelqu'vn, dõt la Iustice n'ait encor conoissance,
qui ait sçeu, ou ait aidé, ou consulé le fait dont
est question, & specialement reuelera qui sont
ceux qui estoyent assis auec George Corner, dans
la barque, lors de sa fuite & euasion: ou qui ait
presté aucune aide, faueur, ou confort à la perpe-
tration du tres-atroce delict des blesseures don-
nees à Nob. Hon. Sr. Regnier Zen, Cheualier, &
iustifiera la verité: apres que le delinquant ou ses
delinquants, aura esté pris, conuainou, & puny,
comme dessus, chacun des prenommez, Oliue, &
Iean, obtiendront la liberation d'eux mesmes du
present ban. Et sera le present Arrest publié sur
les degrés de Rialte, à fin que tous en ayent conoissance.

Ce 10. Ianuier 1628.

Publié sur les degrés de S. Marc,
& de Rialte.